और और अपना

(मुनि क्षमासागर की कलम से कुछ और मोती)

मुनि क्षमासागर

भारतीय ज्ञानपीठ

मूर्तिदेवी ग्रन्थमाला : ग्रन्थांक 60

ISBN 978-93-263-5475-2

और और अपना
(कविता-संग्रह)
मुनि क्षमासागर

प्रथम ज्ञानपीठ संस्करण : 2016
मूल्य : 300 रुपये

प्रकाशक : **भारतीय ज्ञानपीठ**
18, इन्स्टीट्यूशनल एरिया, लोदी रोड, नयी दिल्ली-110 003
मुद्रक : आर.के. ऑफसेट, दिल्ली

आवरण : मनीष फुसकले
भीतरी रेखांकन : मीनल जैन व सन्तोष जड़िया

Aur Aur Apna
(Poetry)
by Muni Kshamasagar

Published by
Bharatiya Jnanpith
18, Institutional Area, Lodi Road, New Delhi-110 003
Ph. : 011-24698417, 24626467; 23241619 (Daryaganj)
Mob. : 9350536020; e-mail : bjnanpith@gmail.com
sales@jnanpith.net; website : www.jnanpith.net

First Jnanpith Edition : 2016
Price : Rs. 300

ये सब
कवितायें
अभी अधूरी हैं और...
मुझे
पूरा होना है...

भूमिका

कुछ वर्ष पूर्व जब मुनि श्री क्षमासागर जी की पुस्तक "मुक्ति" मैंने पढ़ी तो मैं उनकी भाषा की सरलता, शब्दों की तरलता से अत्यधिक प्रभावित हुई। प्रत्येक कविता में उनका स्वच्छ अंतर्मन पारदर्शी जल की भांति स्पष्ट झलकता है, जिसमें पाठक कहीं न कहीं अपने भी ऐसा हो सकने की सम्भावना स्वतः ही तलाशता है। मुनि श्री की कविताएँ पढ़ने का अर्थ है एक नए, भिन्न आयाम में प्रवेश, जहाँ अधिक कुछ नहीं बस आत्मा का मूल स्वरूप है, जो कोमल, संवेदनशील एवं पारदर्शी होने के साथ-साथ गजब का ईमानदार, साहसी व परख से परे है।

उनकी भाषा की खूबी यह है कि वे बड़े-बड़े सूत्र, जिनमें सम्पूर्ण जीवन का दर्शन झलकता है, जटिल शब्दों का उपयोग किए बिना कह जाते हैं। इस पुस्तक की किसी कविता को पढ़ मैं भाव-विभोर हुई, किसी कविता ने मुझे रोमांचित किया, तो किसी पर लगा कि मुनि श्री के प्रति नतमस्तक हो जाऊँ। लिखते समय मुनि श्री सृष्टि हो जाते हैं। सृष्टि, जो इतनी सरल है कि यहाँ उँगलियों द्वारा बजाई गयी एक चुटकी की भी प्रतिक्रिया है।

उनकी कविताएँ गृहस्थों के लिए भी उत्तम संदेश देती हैं, जहाँ आज संबंध केवल दिखावे भर के रह गये हैं, उनकी कविताएँ उन पर ध्यान देने को कहती हैं। अपनी कविताओं में वे एक सजीव लेखनी हैं, जो चेतना की आलोचना कर उसे निरंतर सुधार की यात्रा पर चलने को प्रेरित करती है। विश्वास के पथ पर चलते हुए सत्य से परिचित करवाती हैं, अनलिखी, अनकही बातें जो कल्पना को सुदूर ले जाती हैं।

जब इस नयी पुस्तक का संकलन, जिसमें नई कविताओं के साथ कुछ पुरानी कविताएँ भी संकलित हैं, करने हेतु मैंने मुनि श्री की पिछली सभी पुस्तकें पढ़ीं तो न तो कविताओं को समझने के लिए मस्तिष्क पर अधिक जोर डालना पड़ा, न ही अधिक समय लगा क्योंकि पुस्तक खोलते ही एक तारतम्य स्थापित हो जाता और लगता कि इन कविताओं में ही कहीं मैं भी हूँ, एक ध्यानमग्न अवस्था छा जाती है एवं मैं स्वयं को पा जाती हूँ।

मुनि श्री की कविताएँ पढ़ती हूँ
तो एक भिन्न जगत में स्वयं को पाती हूँ
जहाँ विस्मय व कोमल भावनाओं से भरी
मैं सृष्टि हो जाती हूँ।
कहीं चिड़िया संग हँसती-खेलती बतियाती हूँ

कहीं प्रकृति के तत्त्वों की उदारता का परिचय पाती हूँ
उनकी सघन सूक्ष्म सृष्टि के समक्ष
मैं नतमस्तक हो जाती हूँ।

मुनि श्री अपनी कविताओं द्वारा निरंतर पूर्णता की ओर अग्रसर हैं। उनकी लेखनी में समाज में हो रही राजनीति व होड़ की व्यथा स्पष्ट दिखायी देती है, जहाँ व्यक्ति किसी खास मुकाम को पाने के लिए किसी भी हद तक जाने को तैयार है। जहाँ उनकी पिछली कविताएँ चिड़िया, वृक्ष व प्रकृति के अन्य तत्वों पर आधारित थीं वहीं इन कविताओं में वे और अधिक गहरे चिंतन व आत्मदृष्टि के साथ उपस्थित हैं। इनमें वे आत्मा में और गहरे उतरते हैं और हमें भी अपने संग लिए चलते हैं। कुछ कविताओं में कहीं-कहीं उर्दू शब्दों का प्रयोग कविताओं को एक नया अर्थ देता है।

मुनि श्री की प्रत्येक कविता स्व-उत्थान के लिए प्रेरित करती है। दुविधाओं के उत्तर देती हुई मन को शांत, निर्मल करती हैं कि आगे का पथ साफ नजर आने लगता है। वे मृत्यु से तनिक भी नहीं घबराते बल्कि उससे रूबरू होना चाहते हैं। वे आदमी के महान हो सकने की हद को अपनी कविताओं में समेटते हैं। प्रकृति किस प्रकार मिलजुल कर कार्य करती है, बिना किसी राग-द्वेष, राजनीति व अहम् के। उन्हें दु:ख है कि मनुष्य भी प्रकृति के ही भिन्न तत्वों का समावेश होते हुए भी आखिर ऐसा क्यों हो गया। वृक्ष व मनुष्य की तुलना उन्होंने कविता 'वृक्ष और मानव' में बखूबी की है। आज के धर्म के स्वरूप से भी वे विचलित दिखाई पड़ते हैं। वे लगातार संदेश देते हैं कि इस जीवन में जितना जी सकते हो, जी लो, जितना सबके हो सकते हो, हो लो चूँकि एक बार यहाँ से जाने के बाद लौटना आसान न होगा।

हालाँकि मैं मुनि श्री से कभी नहीं मिली, किन्तु शायद यह नियत था कि भविष्य में उनके द्वारा आरम्भ किए गए मैत्री समूह से कभी जुड़ूँगी एवं उनकी कुछ कविताओं के संकलन का सुखद उत्तरदायित्व मुझे सौंपा जाएगा। उनकी कविताओं ने मुझे आगे बढ़ने के लिए बेहतरीन दिशा दिखायी है। हाँ, मैंने इन कविताओं में स्वयं को पाया है।

मुनिश्री की पवित्र आत्मा को मेरा सादर नमन...

—मेधावी जैन

7 फरवरी, 2016

अनुक्रम

अंतदृष्टि	1	कफन	28
पूजा	2	सहन	29
अच्छा हुआ	3	पूछ लो	30
भीड़ होना सीखो	4	सबूत	31
क्या हुआ होगा	5	साकार और निराकार	32
भौतिकता से परे	6	संचय	33
दूरी	7	हर वक्त	34
जिन्दा	8	हमारा मन	35
शाश्वत	9	गुजर	36
उस दिन	10	सागर मनुष्य	37
दूविधा	11	पहली बार रोका था	38
निडर	12	वृक्ष और मानव	39
शिकायत	13	मेरा जीवन	40
गम	14	एक आदमी	41
स्वयं की रचना	15	श्वास	42
निष्ठुर	16	मृत्यु का सुख	43
होनहार	17	मोहताज	44
करीब	18	स्वयं के दोष	45
परिचय	19	अहं	46
लेखन	20	अधूरापन	47
नहीं माँगने दूँगा	21	रचना	48
कविता की व्यथा	22	आज में जीते	49
हकीकत	23	पूरी तरह	50
बोध	24	अब बस करो	51
किस बूते पर	25	स्वयं से संघर्ष	52
फिर से	26	निराकार का अनुसंधान	53
यदि ऐसे बन सको	27	टूटन	54

कर्म की भाषा 55
आज का खेल 56
हमें फ़ख्र है 57
ऐसे जाना 58
मैंने बुरा किया 59
मेरी चाह 60
सरेआम 61
अंधकार की चाह 62
यह कौन है 63
ये मंदिर 64
अंतरावलोकन 65
कुछ भी नहीं 66
इस तरह 67
नि:शेष 68
लिबास 69
साज 70
अवसर 71
जिंदगी-भर 72
अनहोनी 73
चित्रांकन 74
खेल 75
और और अपना 76
रास्ते 77
आदत 78
शीशा देने वाला 79
साधना 80
पहला कदम 81
एक अनुभूति 82
चुप रह जाता हूँ 83
प्रतियोगिता 84
आत्मदीक्षा 85
स्वीकारोक्ति 86
कभी ऐसा हो 87
कल 88
सहयात्राएँ 89
मुक्ति 90
तुम्हारा होना 91
लोग 92
आगे-पीछे 93
अकेले 94
सम्बन्ध 95
गए 96
मित्रता 97
संजीवनी 98
लेनी-देनी 99
लिखते वक्त 100
सुरक्षा 101
सच 102
किताब - 1 103
किताब - 2 104
पक्षी और वृक्ष 105
नई शिक्षा 106
लोग हँसते हैं 107
मैंने जो लिखा 108

अंतर्दृष्टि

शास्ता* के
झुके-झुके से
विनत-नयन
यानि अपने प्रति
विनम्र-नमन।

आनंद में डूबा है
उनका भरा-पूरा जीवन
और शांत नीरव है मन...
या कहो कि
स्वयं को ही
देखकर निःशेष
नयनों का सायास
मिट गया है उत्थान-पतन।

सोचते होंगे वे
कि सब तरफ
जब आत्म-विस्तार ही है
तो अलग
कुछ और देखने
क्यों कहीं बाहर
व्यर्थ उठाऊँ ये नयन।

सो निष्पंद हैं
मौन हैं, मन ही मन
उनके नयन...

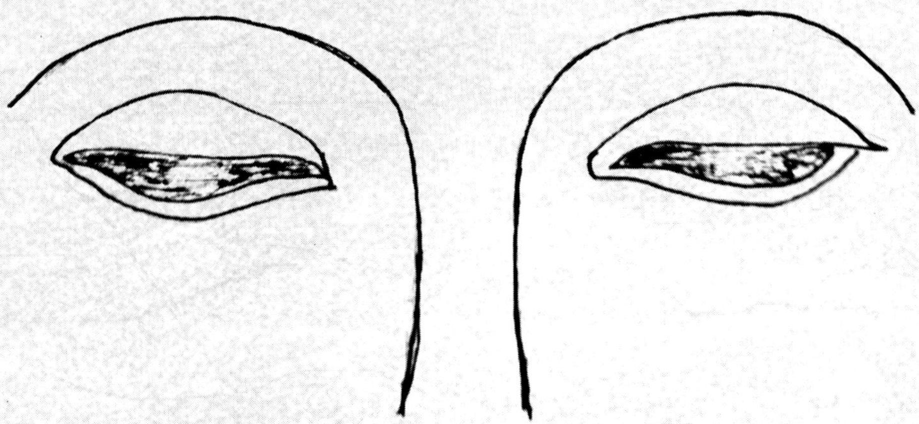

---

*शास्ता-ईश्वर

पूजा

पूजा
या कि
कामना...
कहो कि
सदाकत* की साधना...
भक्ति की ललक
कि आत्मीय भावना...
आदमी के
अहं का गलना
और गिर जाना।

*सदाकत - सत्य

अच्छा हुआ

जिसमें
हर घटना
घटती गयी
और घटकर भी
जुड़ती ही गयी,
वो जिंदगी
और कम हो गयी।
पद प्रतिष्ठा
रूप-वैभव
जो भी श्रेष्ठ लगा
सब ये खाती रही
अच्छा हुआ
कि मर गयी...

भीड़ होना सीखो

तुम्हारे पास
एक गीत है,
थोड़ा-सा संगीत है
और वो भी
अपनी ही सांसों का,
पर ये तो महफिल है
कोई गीत
कोई स्वर
मंच के लायक हो तो सुनाओ...

तुम्हारे पास
एक सवाल है,
सिर्फ एक ही सवाल
और वो भी
अपनी बेकाम जिंदगी का
पर ये तो बज़्म-ए-इल्म* है अदब
कोई सवाल
मजहब का हो तो पूछो...
निरे आदमी हो
जरा भीड़ होना सीखो...

*बज़्म-ए-इल्म - ज्ञान की महफिल

क्या हुआ होगा

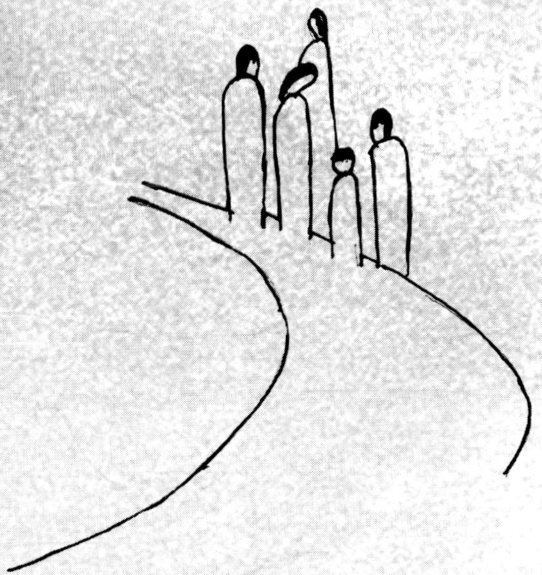

मत पूछे
उस मोड़ पर
तुम्हारे गुजरने के बाद
क्या हुआ होगा...
कोई नया
पुराना हुआ
और मर गया होगा...

वासना के
तूफान आये
लहरें उठीं
शोर हुआ
मन का (साहिल) मायावी कूल*
जरा और पंकिल हो गया होगा।

वेदना के
बादल घिरे
दु:ख बरसा
हम रोये/सिसके
प्राणों का सूरज
जरा छिपा
फिर और उजला हो गया होगा...

यादों का
जुलूस निकला,
बहुत लोग थे
जाना-पहचाना
कोई अपना
अनजाने ही
सामने से गुज़र गया होगा।

---

*कूल - झील / तालाब

भौतिकता से परे

कोई सवाल
मन के गहरे में
हलचल क्यों नहीं करता।
कि रूप माधुरी में
डूबकर भी
क्या मन भर सका?

कि अतृप्त
वासनाओं का साया
और भोग्य का
अपने होने में संदेह
क्या मिट सका?

आखिर देह शोभा
सौंदर्य की
अंतिम नियति तो है नहीं
जिस पर
स्वयं को
मिटा दिया जाए।

इस रूप-रस-गंध
स्पर्श और स्वर से परे
कोई और भी है
जो भोक्ता है
पूछता है
और सोचता है
क्यों ना
उसे ही खोजा जाये...

दूरी

उनके अपने
कुछ लोग आते हैं
कुछ क्षण
बीतते बिताते हैं
पुरानी यादों के
बुलबुले
उठते/मिटते हैं
बमुश्किल
कुछ नये अध्याय
जुड़ते हैं

वरना सब
बासे अपने जूठे टुकड़े
चबाते हैं
फटे मन पर
कुछ और पैबंद
लगाते हैं
सभ्यता के मारे
चेहरे जरा मुस्काते हैं

दूरी और
बढ़ जाती है
इस तरह
जब लोग
करीब आते हैं।

जिन्दा

मेरी हर साँस
मौत के नाम
पत्र लिखती है
इस ख्याल में
कि मौत के यहाँ
अभी
कोई जिन्दा है।

शाश्वत

मैं
परिवर्तन में जीता हूँ
और
मौत से बेहद डरता हूँ
(हालांकि मौत भी बदलाव है)
ये सोचकर
कि शाश्वत में जीना-मरना
दोनों मुश्किल है...

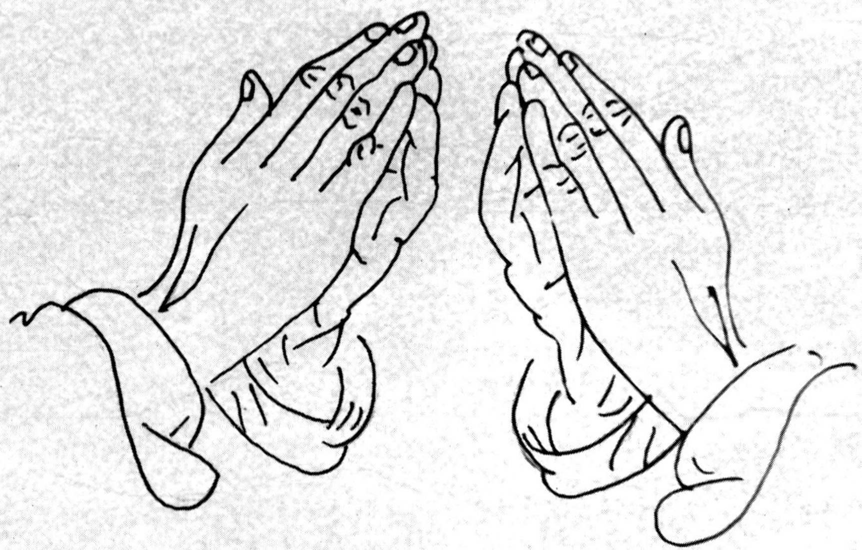

उस दिन

शब्द
कितने कम पड़ गये थे
उस दिन,
जब
अपने प्रभु की अर्चना में
साथ-साथ थे
हम और तुम...

दुविधा

कल
कोई और
द्वार खोलेगा
सीढ़ियाँ उतरेगा
चढ़ेगा
कुछ देर
ठहरकर सोचेगा
और
कल के इंतजार में
बैठे-बैठे
ये आज
इसी तरह
गुजार देगा...

निडर

कागजों पर
बहुत सोचकर
समझ-बूझकर
हम लिख रहे हैं
जीवन स्वयं का...

हमें खौफ
बिल्कुल नही है
वक्त की दीमक
और हवाओं का।

शिकायत

कागज की कश्ती
कुछ देर
चीखी चिल्लायी
फिर खामोश हो गयी,
डूब गयी
सुना है
साहिल ने
धोखा दिया...

गम

कल
एक और दरख्त
टूटकर गिर गया
पत्तियाँ टूटीं
फल-फूल सब
झर गये
तब तक
वो खुश था...

टूटते वक्त
सुना है
उसे अपनी
शाखाओं के
टूटने का
गम था।

स्वयं की रचना

हर बार तुमने
अपने किए को
सही
और नया माना
कुछ भी रचते रहे
उसे ही सृजन माना
काश!
एक बार तुम
अपने ईश्वर
खुद बनते...
अपने को रचते।

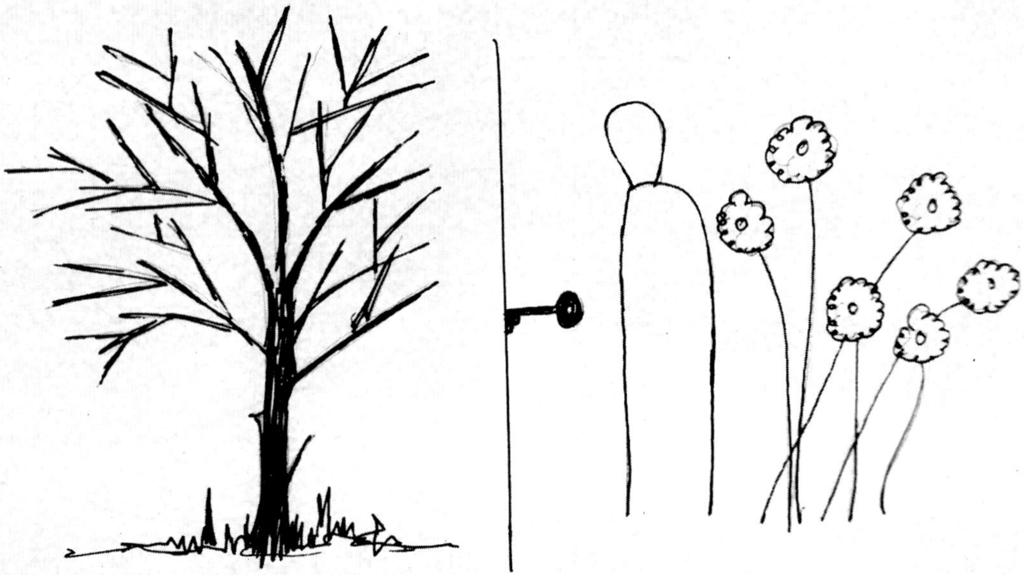

निष्ठुर

अनजान की तरह
एक पल को आये
सुख
तुम मेरी सांसों में
सौ-सौ दु:ख भरते हो
सचमुच
तुम कितने
निष्ठुर हो...

होनहार

उनका बेटा
बचपन से ही
खूब होनहार था
(आज भले ही बेकार है)
पैदा होते ही
उसने
एक साथ
माँ और बाप
लिखा था...

करीब

जिंदगी की
चादर पर
रोज
एक छेद
और हो जाता है,

ताकि
जीने वाला
झाँक कर देख सके
कि अब मौत
उसके
कितने करीब है।

परिचय

अपने में
वो सहज हैं
सरल हैं
मैंने उन्हें देखा है।

सब में
वो विज्ञ हैं
विनम्र हैं
मैंने उन्हें सुना है।

शब्दों में
वो गेय* हैं
गम्य हैं
मैंने उन्हें पढ़ा है।

*गेय - जो गाया जा सके

लेखन

वे
बहुत अनुभवी हैं
हमेशा
बंद कमरे में
दुनिया से अलग
रहते हैं...
दिखते हैं
और अपनी कविता
खुले आकाश पर
लिखते हैं।

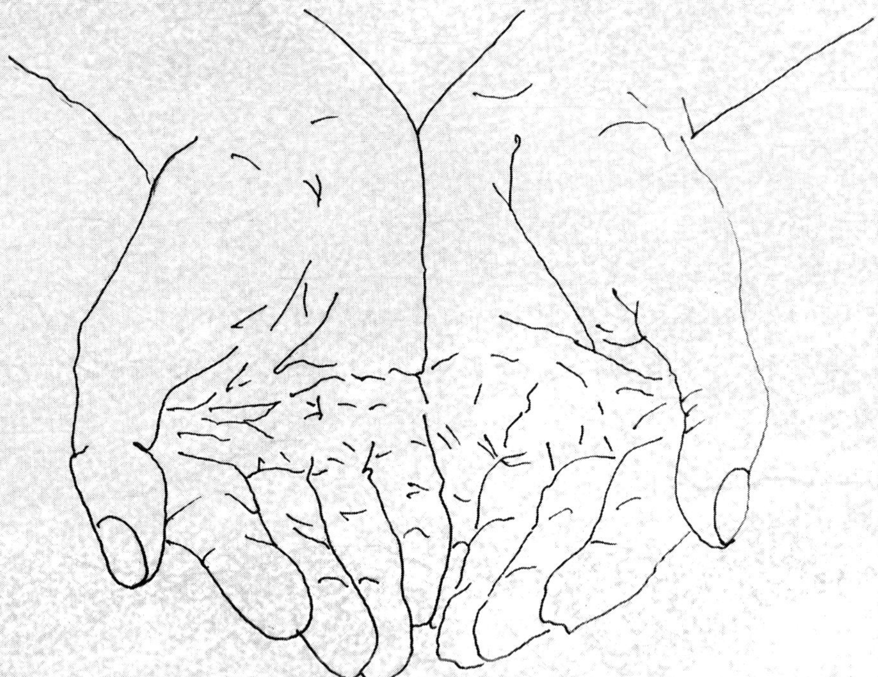

नही माँगने दूँगा

मौत
हर बार
मेरे द्वार पर आई
मै सोया रहा।

मेरी वासनाओं ने
मेरे नाम,
मौत से
एक और जिंदगी माँग ली।

इस बार
जब वो आयेगी,
मैं जागता रहूँगा
और
कुछ भी नही माँगूंगा,
कुछ भी नही माँगने दूँगा।

कविता की व्यथा

कविता
तब तुम्हें
कैसा लगा होगा।
जब दुनिया ने
बेमुरव्वत
तुम्हें कविता कहा होगा।

सिर्फ शब्दों का जोड़
कहकर
तुम्हें
तोड़-तोड़ कर
सरेआम उछाला होगा।

तुम किसी की
'क्रीत*-दासी नहीं
और किसी की
भोग्या-भी नहीं,

पर किसी ने
चौराहे पर
किन्हीं शर्तों के साथ
तुम्हें बेचा होगा।

---

*क्रीत - खरीदी हुई

हकीकत

प्रतिमा से
मत पूछो
कि दर्द कहाँ है।
पीर तो
पत्थरों ने सही है।

सपनों से
मत पूछो
कि हकीकत क्या है।
बात तो
नींद में
हमने कही है।

बोध

जल गये थे
कभी किसी रोज
आग के करीब,
हम
आज
अभी आये हैं।

थम गयी थी साँसें
यहीं बाहर
दालान में,
मौत के घर
हम आज
अभी आये हैं...

मिल गये थे
कभी राहों पर
इतने करीब
हम आज अभी आये हैं।

किस बूते पर

तुम
सब करते हो
उठते-बैठते,
चलते-फिरते
और
खाते-पीते भी हो।

अभी
भगवान तो हो नहीं
कि तुम्हारे
चाहे बिना
ये सब हो ।

यानि तुम सब
चाहकर करते हो...
फिर किस बूते पर
ये कहते हो
कि तुम
कर्तृत्व-मुक्त हो?

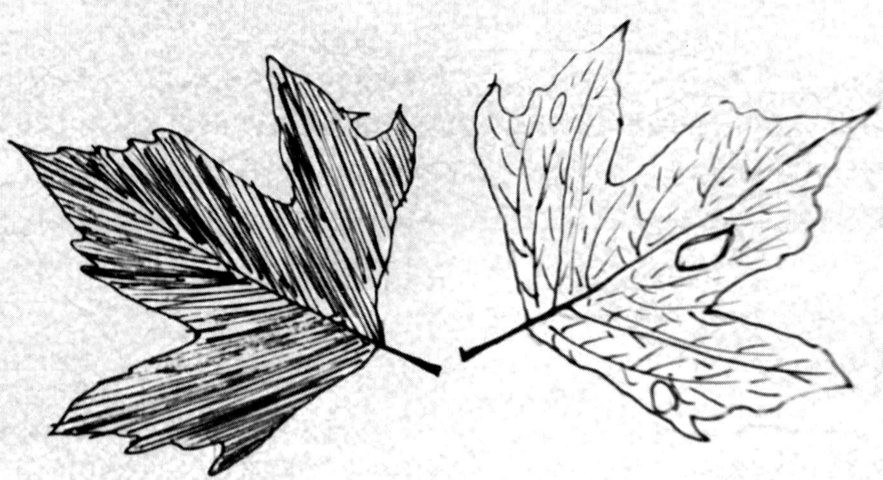

फिर से

वह
कैसे यकीन करे
इस एक
जिंदगी का,
जिसे
मौत ने भी
धोखा दिया हो
महज इसलिए
उसने
फिर से जनम लिया हो।

यदि ऐसे बन सको

बहुत हुआ!
अब अपने आईने में
इतने अनजान मत बनो,
खुद को पहचानो,
एक कदम
आदमी की तरह रखो
ताकि
सहज सरल
और सही जी सको।

कि आसपास
सारे परिवेश का रीतापन
भर सको,
कि हर मोड़ के सूचक
और हर दरार के
पूरक बन सको,
अपनों के बीच ही नहीं
सबके बीच
तुम सबके अपने लग
सको।

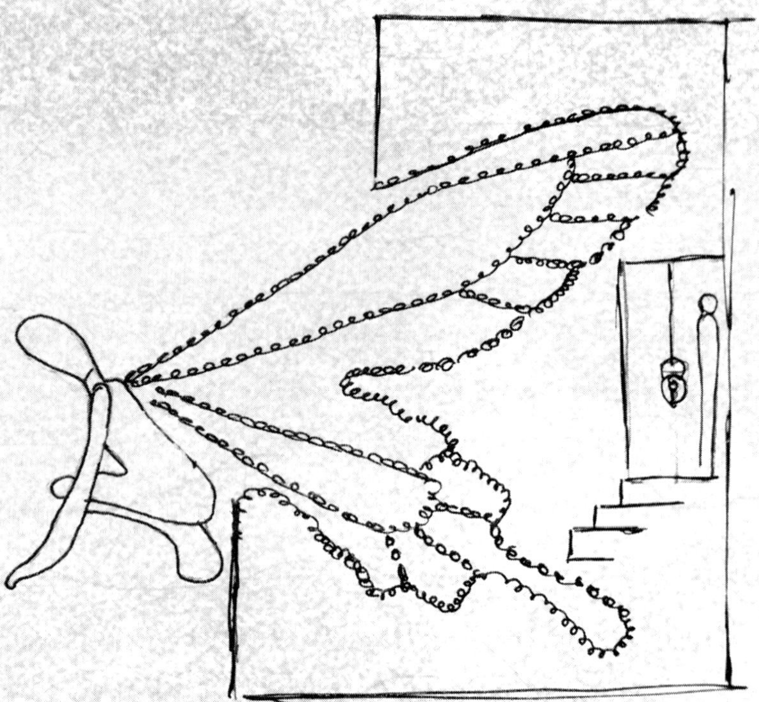

कफन

न तुम्हें
जन्म की खबर है
न मौत का खयाल
फिर भी तुम जीते हो,
दरअसल
जिस तरह
जिंदगी ढोते हो,
अपना कफन
अपने हाथ से सीते हो।

सहन

कुछ पुराना होकर
गिरता है
कुछ नये की तरह
उगता है
आखिर रहने के लिये
कुछ न कुछ
सहना ही पड़ता है।

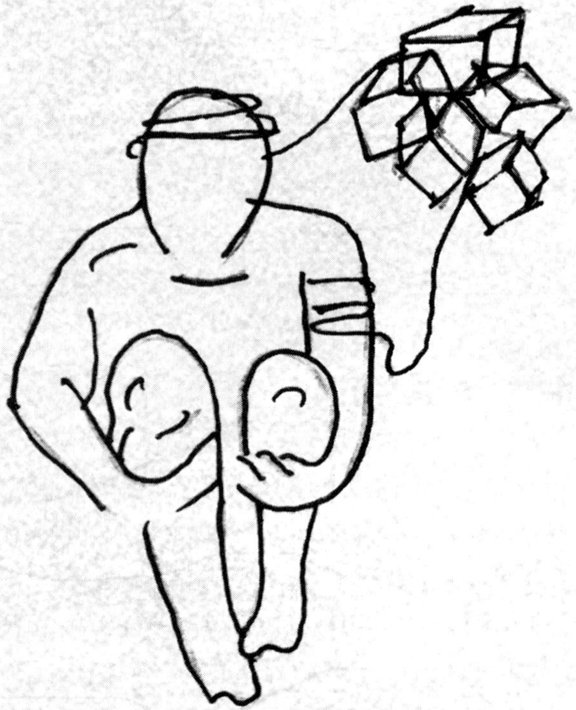

पूछ लो

जब भी तुमने
बुरा भाव भरा
मन भारी हुआ
बोझ से दब गया होगा।

उठो,
खाली हाओ
ऊर्ध्वगामी होने के लिए
चेतना
रिक्तता
और अलिप्तता चाहती है।

न मानो
तो पूछ लो
कालिख का
विमोचन करते
निष्पंद जलते दिये से।

सबूत

ये लोग
पूरा जीना
नही चाहते,
परस्पर
एक दूसरे से
ज्यादा विख्यात
होना चाहते हैं।
जो इनके
अधूरेपन का
सबूत है।

साकार और निराकार

साकार
जहाँ सब कुछ
दिन की रोशनी सा
साफ दिखता है,
देखो...

निराकार
जहाँ कुछ
होते हुये भी
नहीं दिख पाता,
सोचो...

कौन साकार
कौन निराकार
किसमें
किससे ज्यादा
'मैं' का आधार।

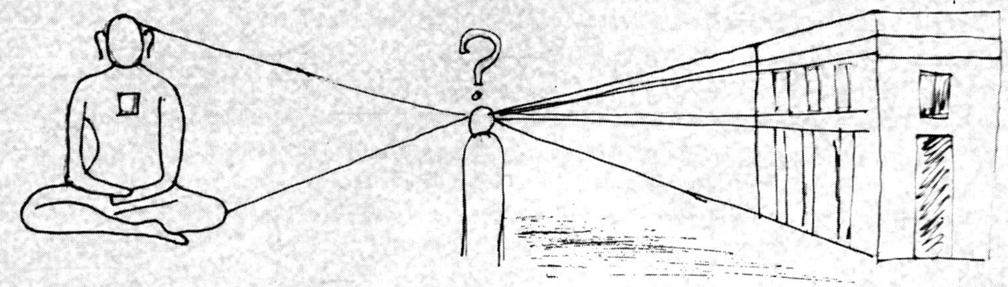

संचय

तुम
छोड़ते क्यों नहीं सब
(हालांकि कुछ भी तुम्हारा नहीं है)
अगर तुम्हारा है
तो मौत के बाद
साथ ले जाना।
(हालांकि आज तक ऐसा हुआ नहीं)

और तुम
नहीं मरोगे
ये तुमने
मरने से पहले कैसे जाना,
(तुम मर के देखो ये संभव नहीं)
इसलिये एकत्रित वह करो
जो मौत के बाद
साथ ले जा सको।

हर वक्त

पुराने को
न चाहते हुए भी
बीत जाना है...
और नये को अनायास
पुराना होकर
मर जाना है...
पर हमें तो
हर वक्त
दोनों का साथ
निभाना है।

हमारा मन

किसे/किसने
पकड़ा है...
कौन/किससे
बँधा है...
ये तो बंधने की
बांधने की
वासना से
साफ जाहिर है।
पर हम, हमारा मन
जिसे अपने
खुलेपन पर
नाज है...
दुनिया की
हर चीज से
बंधकर भी
स्वयं को
अलिप्त/अबद्ध मानता है...

गुजर

एक-एक चीज
और अपने बीच
हमने
वासना के
नित-नवीन/रंगीन
परदे सजाये हैं।

ताकि रोज
कुछ नया लगे
हमारी गाफिलता* बनी रहे
सोये-सोये जीवन गुजर सके।

*गाफिलता - लापरवाही

सागर मनुष्य

आदमी
सिर्फ लहर नहीं है
कि जो चाहे जब
उसे उठाये/मिटाये...

वो तो सागर है
कि कोई डूबे
उसमें समूचा समाये...

जिंदगी भर
अकेला बहा हो
तो आज मिल जाये...

खुद जिये
औरों को जिलाये...

पहली बार रोका था

मैं अपने को
खोजने निकला था
लोगों के मन
ये पलायन था...

मेरा सड़कों पर
निरावरित घूमना
औरों के मन
निरा पागलपन था।

मेरे मित्रता के लिये फैले
दो हाथों को
लोगों ने सरासर
वासना कहा था।

मेरा मौन
औरों के लिये
सिर्फ अहंकार था।

मेरी ऋजुता
मेरा सीधापन
औरों के मन
कायरता था।

मेरी मृदुता
मेरा मीठापन
कमजोरी था।

मेरे जीवन का
सब शुभ सुंदर
औरों को
बस आत्म हनन था।

ये सब मैंने
चुपचाप सहा था।

पर जब
किसी ने मुझे
ऊँचे आसन पर बिठा
देव कहा था
और मेरे
आदमी होने को नकारा था
तब मैंने
पहली बार उन्हें
ऐसा करने से रोका था...

वृक्ष और मानव

बीज गिरा
अँकुर फूटा
पौधा उगा
पेड़ हुआ,
वो पेड़ ही था
छायादार
फल-फूलदार
भरा-पूरा
सबका शुक्रगुजार,
उसमें रूप था
रंग था
यौवन था
वो सृजन को आतुर
बेमिसाल फनकार था...

उसकी जड़ें
जमीन में
और फूल
आकाश में था,
तब आकाश
जमीन के
इतने करीब आया था
जमीन ने
उसी रोज
आकाश को
अपना सब सौंपा था।

फल लगे
पेड़ झुका
ये पेड़ का
जमीन को नमन था।

अजीब हो
मैं पेड़ लिख रहा हूँ
तुम कविता समझ रहे हो...

जिसका था
उसी को अर्पण था।

जड़ें धरती की
शेष सब
आकाश का/सबका था।

पेड़ का निजी
कुछ भी नहीं था,
ये ही उसका
जीवन था...

बीज गिरा
अँकुर फूटा
पौधा उगा,
बड़ा हुआ
ये मनुष्य था।

बलात्
औरों के सृजन का दावेदार
रूपदार, रसदार
पर आधा-अधूरा
और मक्कार।

किसी को क्या देता,
औरों को लूटकर/हटाकर
अपने लिये
जगह बनाता था।
इसकी जड़ें नहीं थीं
आकाश नहीं था
टिकता कहाँ
आवारा बना घूमता था...

इसे पद का मद था
अकड़ थी
झुकता कैसे
टूटने का डर था...
ये पैसे में फूला
और फूलता ही रहा।

फूलना रूकता
तो फल लगते,
फल लगते, तो झुकता
(बेचारा आदमी
इसलिये नहीं झुका)...
औरों का छीनकर
घर भरा था/ ये बढ़ा था।

इसका निजी
कुछ भी नहीं था...

वो पेड़ था
और जिन्दा था
ये मनुष्य था
पर मुर्दा था...

मेरा जीवन

ये किसकी
आवाज है
मेरे साज पर
ये किसने गाया है...

अनायास
ये कौन
मुझे जगाने आया है...
उससे कह दो
वो खूब गाये
जी भर कर बजाये...
(अंगुली के पोरों पर उसके
कोई जख्म न होने पाये)
ये अंतिम रात
ये मेरा अंतिम साया है...

आज
मेरे तार टूटेंगे/जो बजायेगा
उसकी कला का
लोगों के बीच
सम्मान होगा
मैं खुशी से मरूँगा
कि
ये मेरा व्यर्थ जीवन
मरते वक्त
किसी के काम आया है...

एक आदमी

कल
न चाँद उगा
न तारे दिखे
सारी रात
बादल
हाथ में हाथ लिये
आकाश में
घूमते रहे।

पश्चिम के लोग
पूरब के सूरज की
बड़े भोर
विदा कराने आये थे
बारात बादलों की थी...
वे ही उसे लाये थे।

बारात के बीच
ढका- मुंदा सूरज
चुपचाप चलता रहा
पूरब का सूरज
साँझ
पश्चिम में डूब गया।

एक आदमी
सारी जिंदगी
वासनाओं से घिरा
ऐसे ही चलता रहा
और अंत में मर गया...

श्वास

रोज
एक-एक पंक्ति
लिखते-लिखते
कलम रुक गयी/रुक जाती है...

रोज
एक एक साँस
पढ़ते-पढ़ते
जिंदगी ढल गयी/ढल ही जाती है।

अब साँस नहीं चलती
मैं भी नहीं लिखता...

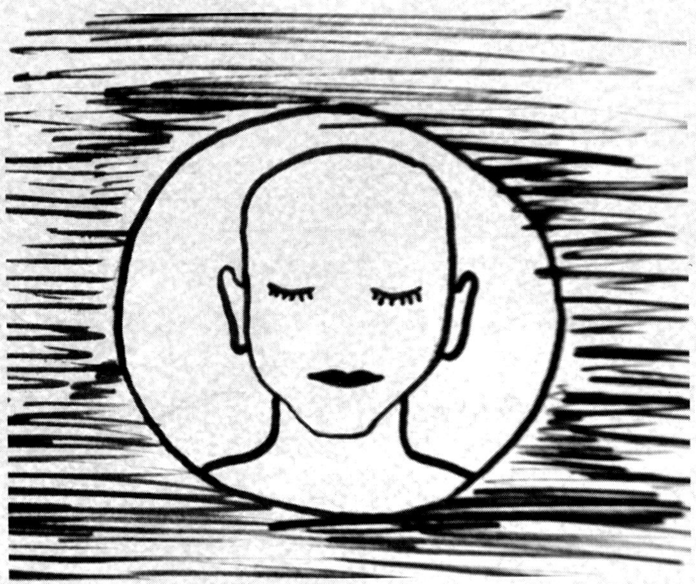

मृत्यु का सुख

मैंने तो
जीते जी
मरने का सुख
झेला था,
तुम कहते हो
जीवन भर
मुझ पर
दु:ख बरसा था...

अपने मैले-आँचल में
मैं दुनिया का
संगीत लिये था
जिसमें सब था/सबका था
जीना था, मरना था
तुम कैसे कहते हो
मैं गरीब था...

मोहताज

तुम कहते रहे
मैं सुनता रहा,
तुम लिखते रहे
मैं पढ़ता रहा,
तुम चलाते रहे
मैं चलता रहा,
इतना तो ठीक था
मैं सहता रहा।

पर फिर तुम्हारा
मेरे होने को नकारना,
ये बेईमानी का तकाजा
जरा भारी लगा,
मैं संभाल नहीं सका
गिर गया/गिरा ही रहा
उठ नहीं सका
ना सही।
पर सुकून है
किसी का
मोहताज तो नहीं रहा...

स्वयं के दोष

ये खिड़की
क्यों बंद है?
जो ठीक
घर के भीतर
खुलती है।

मत खोलो,
इस पे ये
किसने लिखा है
कि मकड़ी का जाला
कहीं टूट न जाये।

बाहर से रोशनी आकर
भीतर के आकाश को
कहीं तोड़ न जाये।

क्या इसलिए बंद है?
तो बड़े अहिंसक हो
पर सुनो, कि
वासना का जाल
टूट न जाये
इस खयाल में
चेतना का द्वार
बंद मत रखना।

ये किसी मकड़ी का
बनाया नहीं है
(जो तुम्हें तोड़ने में
पाप लगे)
इसके जिम्मेदार
तुम खुद हो
खुद की खामियों को हटाना
पाप नहीं है।

अहं

एक नाला है
उसके दोनों ओर
खेत हैं
पानी खेत में धंसे
माटी में मिले,
या कि माटी
पानी में घुले
नाले में बहे
कहीं और
कोई खेत नया बनाये
ये दोनों को मंजूर है...

इधर एक और नाला है
एक और जीवन का
बहाव है
जिसमें दोनों पार
चट्टानों का जमाव है
बड़ी कठिनता
बड़ा ऊँचा पहनाव है
पानी
मौके-बे-मौके
घुस भी नहीं सकता
भले ही कुछ टूटे
पर बन नहीं सकता
दोनों के बीच
बड़ा अलगाव
तनाव और ताव है...
अब कोई नहीं झुकता
सबके सिर का सवाल है...

अधूरापन

अपनी प्यास
अपना भूखापन
अपना सुख
अपना सूनापन
हम कहते जरूर हैं
पर बावजूद इसके
ये सब
अपने नहीं हैं...

कोई और
किसी का हो कैसे?
जब हम ही
अपने नहीं हैं।

यहाँ हमने
संबंध बनाये हैं
इसलिये
कि आज तक हम
किसी से
जुड़ नहीं पाये हैं।

बुरी तरह टूटे हैं
इसके बावजूद भी
हमें व्यर्थ फख्र है
कि हम अधूरे नहीं हैं...

रचना

शब्द लिखो
एक-एक अक्षर जोड़ सको,
हर जोड़ के बीच
जीवन भर
अपना मन
तोड़-तोड़कर
भर सको।

मन-बे-मन
हर मन की
सुन सको,
सबके दु:ख
अपने से देखो,
अपने सब
चुपचाप सह सको।

इन पैमानों में ढलकर
जी सको
तो कोई गीत/कविता
तुम रचो...

आज में जीते

कितना कुछ है
जो
एक आदमी की
जिंदगी में
होता है
जो चाहा,
वो हुआ
तो लगता है
हमने किया...
कभी कुछ
अनचाहे हुआ
तो लगा
ये कोई और
कर गया।

काश,
हम समझ पाते
कि जो टूटा,
हमारे अनचाहे
तोड़ दिया गया
वो कल
हम अपने हाथों
तोड़ चुके थे।

ये आज
हम कल
रच चुके थे।

ये लकीरें
जो आज पढ़ी हैं
हम कल
लिख चुके थे।
ये बादल
जो आज बरसे हैं
कल भर चुके थे।

और आज,
आज तो हम
आगामी कल
रच रहे हैं,
आज में कहाँ
हम तो
बड़ी बेफिक्री से
कल की फिक्र में
जी रहे हैं।
जीते जी मर रहे हैं
मरते-मरते जी रहे हैं।

काश,
हम सिर्फ
पुराना लिया/किया
आज चुपचाप चुका देते,
आगामी न रचते।
जीते
और निरा अकेले
अपने में/आज में जीते
बस, रह जाते
न कल करते
न आज होता
न आज करते
न कल होता...

पूरी तरह

क्या लिखा?
एक शब्द!
किसके लिये?
अपने लिये,
बड़े कंजूस हो
सबके लिये लिखो
क्यों!
इसलिये
कि तुम
अभी
पूरी तरह
अपने नहीं हो...

अब बस करो

बहुत हुआ
अब शब्दों के
कारतूस
और मत चलाओ,
सब खाली हैं
कुछ चले-चलाये
कुछ अधचले से
पर सब बेकार।

धर्म,
इस शब्द को
तुम जिस लहजे में
कहते हो,
उससे अधर्म की
गंध आती है।

धर्म की
कही-सुनी बातें
अब और मत दुहराओ,
जितना पाया
उतना तो खाओ,
पचाओ।

धर्म ने
ये ही कहा ना
कि गतिमान हो,
चलो
स्वभाव तक पहुँचो
पर तुम तो
उसे ही पकड़कर बैठ गये
रूक गये
(अब चौंको मत, अनजान मत बनो)

हो सके तो
एक कदम चलो।
और हमने सुना है
मैत्री पर
तुमने
लिखना शुरू किया है
(ये मुगालते मत पालो)
(औरों पर)
जरा रहम करो
ये शब्द अभी जिन्दा हैं
इन्हें मत (मिटाओ) मारो
पहले मित्र बनो/
बनना सीखो।

मैत्री-भाव
अपने भीतर जगाओ,
ढोल लेकर
चौराहे पर
आने से पहले,
उसे पकड़ने का
तरीका सीखो,
अभी वक्त है।

ये अपनी
मनमानी व्याख्यायें
ये अपने लेबल लगे
औरों के चुराये
पोथी-पत्तर बंद करो
दुनिया को
बहलाने के
ये सारे सामान समेटो।

हमारी मानो तो
अब और
लोगों के हाथ
शब्दों के गुब्बारे
मत थमाओ,
वरना जिस रोज
ये सब मिलकर फूटेंगे,
उस रोज
तुम्हारे ही शब्द
तुम पर बरसेंगे।

महात्मा बनने के
खयाल में
बढ़ाये
तुम्हारी ही
दाढ़ी के बाल
तुम्हें खुद चुभेंगे।

स्वयं से संघर्ष

बिजली कड़के
बादल गरजे
तब
धीमे-धीमे
बारिश आये।

और
हृदय हो भारी,
मन रोये
तब
नयनों में
(नन्हें-नन्हें
मोती से)
दो आँसू आये...

(चलते-चलते)
संघर्ष करे
जूझे
कोई अपने से
तब तो मंजिल पाये....

निराकार का अनुसंधान

तुमने
दीपों को
जलते,
फिर बुझते देखा...

एक दिवस को
साँझ,
रात में ढलते देखा...

रात गये
भीगी पलकों पर
धीमे- धीमे
सपनों को चुपचाप उतरते,
अपना संसार बसाते देखा...

नीड़ बनाती
चिड़ियों के
पंखों में उगती
आशा को देखा।

फिर
झंझा का शर संस्थान
हवा के बाणों से
सब ढहते
और उजड़ते देखा....

महलों का सुख
खंडहरों की
ढहती दीवारों में
कब तक धड़का होगा
ये भी तुमने देखा...

गीतों में उन्माद
शून्य में
सूनापन भी देखा।

सांसों का
चलते-चलते
अनायास
रुक जाना
और समय के
पैमानों का
भरना
धीरे-धीरे झरना
कभी झलकना
कभी टूटना/गिरना
कभी रीतना देखा।

अपनों का अपनापन
कभी स्वयं का
बेगानापन
एक स्वप्न की
डाली पर
ये सब
लगते/गिरते देखा।

अरे, पथिक!
अभी मत ठहरो
ये तो तुमने
सरिता का
एक किनारा देखा।

दूर...वहाँ
उस पार
जहाँ से आती
ये छाया,
वो निराकार।
उसका भी
अनुसंधान करो।

जिसने
अपना विस्तार
यहाँ/इस पार
निरा साकार रचा
उसे भी देखो
तब तुम रुकना
कहना -
तुमने सबको
अपने को
अपने में देखा...

टूटन

एक शाखा
पेड़ से टूटकर
कल गिर गयी है
कुछ रोज
अकेली पड़ी रही,
सूख गयी है
लगता है
अब जिन्दा नहीं रही।

कौन जाने
सांसें चलती हों।
कहीं कुछ
भीतर ही भीतर
धड़कता हो,
पर कोई नहीं जानता
किसे पड़ी है कि जाने।

आज
उसे घेरे
चार लोग बैठे हैं
और शायद वे
किसी गहरे विषय
पर बात कर रहे हैं।

शाखा
अब लकड़ी हो गयी है
उसमें आग लगी है
लोगों ने लगाई है।

वो धीमे- धीमे
जल रही है
और अंधेरी रात
ठंडी होकर भी
वहाँ आसपास
कुछ ज्यादा गर्म
और रोशन हो गयी है।

हम
उसके बारे में
अब कभी नही सोचेंगे...

कर्म की भाषा

हम
यहाँ के लोग
बड़े श्रमजीवी हैं,
हम क्या नहीं
कर सकते
करने को तो हम
कुछ भी
कर सकते हैं।

सचमुच
बिना किये
कुछ होता भी तो नहीं
और हम चाहते हैं
कि कुछ हो
इसलिये हम करते हैं।

खाली बैठे रहना
हमारी आदत में नहीं है
वो हमारा अपमान है,
हाँ
कोई हमारे
खाली बैठने का
सम्मान करे
तो हम
खाली भी बैठ सकते हैं।

अपनी अलग
पहचान बनाने के लिये
हम
कुछ भी कर सकते हैं।
लकीरें बना सकते हैं,
बनी लकीरें
बिगाड़ भी सकते हैं।
हम जीने की नहीं
करने की भाषा जानते हैं।

आज का खेल

एक नदी के किनारे
ये घरौंदे
खेल-खेल में
बच्चों ने बनाये हैं
सारा दिन उनका
इसी में गुजर गया।
ये रोशनदान
ये खिड़कियाँ
ये द्वार
उन्होंने
बड़ी मेहनत से लगाये हैं
कई-कई बार मिटाये
और बनाये हैं।

साँझ
उन्हें माँ पुकारेगी
सबको लौटना होगा
आज का खेल
यहीं खत्म होगा...
न जाने कल
ये खेल
उनमें से कौन
फिर खेलेगा
शायद किसी का
ये खेल
अंतिम होगा,
कोई रहेगा
कोई नहीं भी रहेगा,
तब कौन?

इसका जवाब देगा
इतनी छोटी-छोटी
बातों पर
कोई क्यों
मौन खोलेगा
और घरौंदा...
घरौंदा तो चुपचाप
देखेगा/सुनेगा
पर कुछ नहीं समझेगा,
जिंदगी का सफर
जैसा चलता आया
चलेगा।

कोई किसी के लिये
नहीं रुकेगा।
ये आज का खेल
आज यहीं खत्म होगा।

हमें फख्र है

कोई रोशन हो,
अंधेरे में
दीये की तरह जले
तो हमें लगता है
कि बहुत हुआ
बुझा दो ये दीया,
आखिर हम
हम हैं
हमें अपनी तरह
जीने का हक है।

अँधेरा
क्या रोशनी से
कुछ कम है!

नहीं, दोनों बराबर हैं
बल्कि अंधेरा
कुछ ज्यादा है
और हम
हम हमेशा
ज्यादा को
चुनते आये हैं।

हमें अपने
चुनाव पर फख्र है...

ऐसे जाना

शाख पर
अभी गुंचे हैं, गुल हैं
दोस्त, यहाँ भी कभी
पतझर आते हैं।
ये चाँद सितारे
और रात कितनी खामोश है।
हमने दिन
बड़े जोर-शोर से गुजारे हैं।

खुशियों की तरह करना
गम का इंतजार
ये लम्हें
रोज-रोज कब आते हैं
जाओ तो ऐसे जाना,
वहाँ से लोग कब लौट पाते हैं।

मैंने बुरा किया

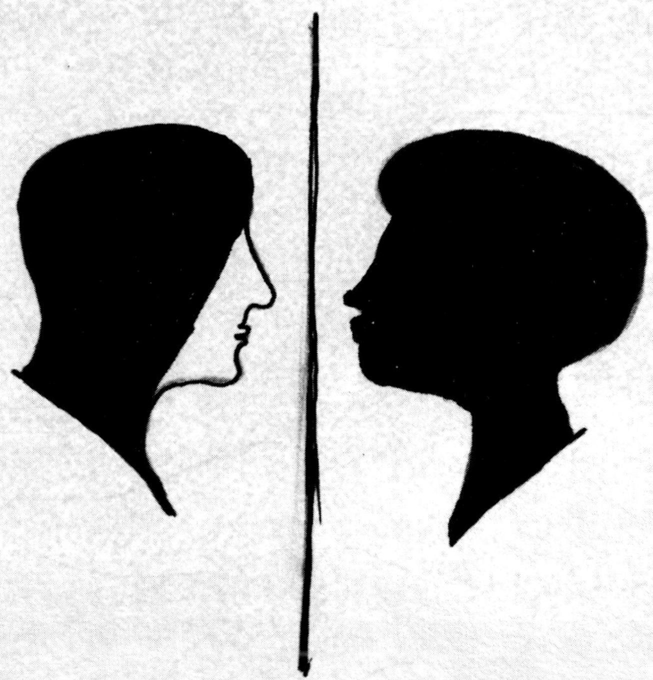

एक लकीर खींचकर
वाकई मैंने
बुरा किया
यही कि
देखा देखी
चार और लोगों ने
सारा कैनवास भर दिया।

अब कौन
क्या समझेगा
और बेजान लकीरें
क्या कहेंगी?

जो सोचेंगे,
अपनी तरह सोचेंगे।
अब लकीरों की
मेरी कही/अनकही बात
कोई नही सुनेगा।

बिन्दुओं ने
परस्पर जुड़कर/प्रेम से
जिन्हें रचा
अलगाव की आग में
अब कुछ नहीं बचा।

एक लकीर खींचकर
सचमुच
मैंने (बुरा किया)
ये क्या किया...

मेरी चाह

लौटती लहरों
साहिल से इतना
कह देना
वो मेरे करीब
न आये
वो अब और
न घबराये
मुझे भँवर
मिल चुकी है...

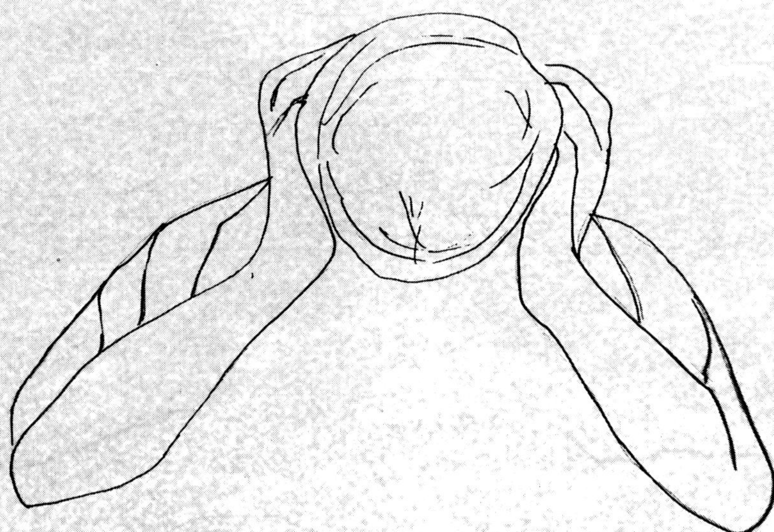

सरे आम

यहाँ तो
आँसू भी
गम की ओट में
छुपकर आते हैं,
हम खुलकर
कब रो पाते हैं...

अंधकार की चाह

पहले
एक दीवार
तुम खुद खड़ी करते हो,
उसमें
बाद में
खिड़की बनाते हो।

कि घर के अंधेरे में
रहकर भी
प्रकाश के गीत
लोगों को सुना सको,
कि अपने अँधेरे में
रहने की हवस को
जरा सा
सहला सको।

यह कौन है

दीपाधार के दीप
एक-एक कर
बुझ रहे हैं।

अनंत को पारकर
द्वार-देहरी पर
आज कौन
दस्तक दे रहा है।

ये कैसा निमंत्रण है
कौन मुझे पुकार रहा है?

यहाँ
ये गहन
वासना-पाश
मेरी जड़ता/मूढ़ता
मेरी सांसों के
थमने का अहसास
सब चुपचाप
सह रहा हूँ।

ये मान/मद
ये प्रवंचनायें/छलना
विकारों का
हजार रूपों में आना/डराना
सब मिलाकर
भोग रहा हूँ।

लगता है कोई
मेरे समक्ष
जानने-देखने और होने को
उत्सुक है,
ये कौन
रह-रहकर पुकार रहा है?

ये मंदिर

ये बेजान
दीप-धूप ये गंध
मानो तुम्हारा ही
आत्म-सौरभ-सुगंध।

ये गीत-गान
बंदगी के ये छंद
मानो तुम्हारा ही
आत्म-गान-अमंद।

ये बेशुमार मूर्तियाँ
मंदिर सुंदर ये निष्पंद
मानो तुम्हारा ही
आत्म-दर्शन-अनंत।

अंतरावलोकन

ये मूर्तियाँ
ये शास्ता का
निश्छल/निश्चल रूप।

इसलिये
कि तुम भी
अपने में
जरा ठहरकर देखना...
उनकी
वीतराग-मुस्कान अरूप।

इसलिये
कि तुम भी
सरल हो,
समत्व में
जरा हँसकर जीना...
उनकी
झुकी-झुकी सी पलकें
इसलिये
कि तुम भी
निर्मद हो
इबादत में
जरा झुककर आना।

इतने दिन
अपने से
बेमान रहे हो
अब जरा सँभल जाना।

कुछ भी नहीं

प्यासा मृग
मरीचिका में उलझा
और तड़प उठा
हमने कहा-
बेचारा मृग !
ललचाती मीन
काँटे-में उलझी
और मर गयी
हमने कहा-
अभागी मीन !
एक पतंगा
दीपक की जोत पर रीझा
और झुलस गया
हमने कहा-
पागल परवाना !
वाह रे हम,
अपनी प्यास
अपने लालच
और अपने दीवानेपन पर
हमें अपने से
कुछ भी नहीं कहना

इस तरह

एक उड़ते
पखेरू ने
मुझसे निरन्तर
उड़ते रहने को कहा
एक पेड़ ने
तूफानों के बीच
अडिग
खड़े रहने को कहा
और एक नदी
मुझसे
निरन्तर
बहते रहने को कह गयी
सूरज ने
सुबह आकर
मुझसे
दिन-भर
रोशनी देते रहने को कहा
चाँद-सितारों ने
रात-भर
अंधेरों से
जूझने को कहा
और एक नीली झील
मुझे बाहर-भीतर
एक सार
निर्मल होने को कह गयी

सागर ने
धीरे से
लहरा कर कहा-
सीमाओं में रहो
आकाश ने अपने में
सबको समा कर कहा-
असीम होओ
और एक नन्हीं बदली
प्रेम से भरकर
मुझसे निरन्तर
बरसने को कह गयी
मेरी जिंदगी
इस तरह
सबकी हो गयी।

नि:शेष

मुझे
कहना है अभी
वह शब्द
जिसे कहकर
नि:शब्द को जाऊँ
मुझे
देना है अभी
वह सब
जिसे देकर
नि:शेष हो जाऊँ
मुझे
रहना है अभी
इस तरह
कि मैं रहूँ
लेकिन
न जाऊँ।

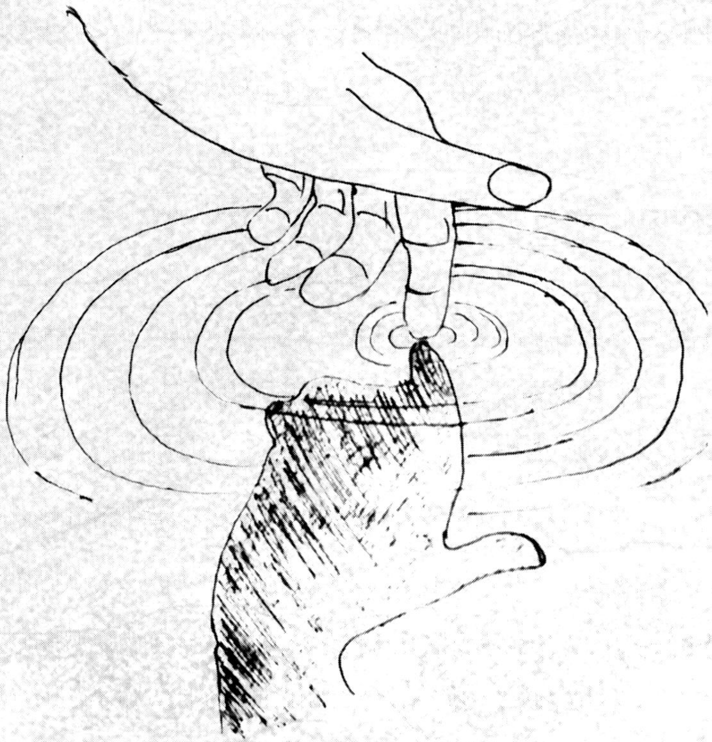

लिबास

मौत
जिन्दगी का लिबास
ओढ़ कर आती है।
जिन्दगी-भर
लिबास दिखता है
मौत
कहाँ दिख पाती है?

साज

मौत
मैं सुन रहा हूँ
तुम्हारे
आने से पहले
तुम्हारे
आने की आवाज

कितना मधुर है
मेरे द्वार पर
आकर
तुम्हारा
मुझे पुकारने का अन्दाज
कि चलो!

ऐसा लगता है
मानो दूर कहीं
बज रहा हो
कोई सुरीला साज
कि चलो!!

और तुम्हारा
यह इस तरह
खुद चलकर
मेरे करीब आना
अपने हाथों
मेरे बन्द पिंजरे का
द्वार खोलना
मुझे मुक्त करना
कितना अच्छा
लग रहा है आज
अपने घर-
मानसरोवर
लौटता
मेरा मानस-हंस
तुम्हें प्रणाम करता है
अन्तिम बार आज।

अवसर

जो उसने
जीते जी
मौत पर लिखा
उसे लोगों ने
कई-कई भाषाओं में
पढ़ा-सुना
औरों को दिया
पर मरते वक्त
हमने देखा
उनमें-से कोई भी
मौत की भाषा
नहीं सीखा
हर आदमी
मौत से डरा
और दहशत में
जिंदगी का
एक और अवसर
सबने खो दिया।

जिंदगी-भर

हम जिंदगी-भर
जीते हैं
कुछ इस तरह
कि जैसे
जीना नहीं चाहते
जीना पड़ रहा है
और मरते वक्त
मरते हैं
कुछ इस तरह
कि जैसे
मरना नहीं चाहते
पर मरना पड़ रहा है
शायद इसीलिए
बारम्बार हमें जीवन
दुहराना पड़ रहा है !

अनहोनी

तुमने सुना
कभी किसी वृक्ष ने
अपनी शाखाओं पर बने
पक्षी के घोंसले
अपने ही हाथों तोड़कर
नीचे फेंक दिए हों?
तुमने नहीं सुना,
मैंने भी नहीं सुना
ऐसा तो
किसी ने
कभी नहीं सुना।

चित्रांकन

उसने कहा -
जीवन में
एक चित्र ऐसा बनाना
कि जिसमें सब ओर
खुला आकाश हो
कि अपनी सीमाएँ
स्वयं निर्धारित करता
कोई महासागर हो,
कि अपने ही बनाये
किनारों के बीच
बहती नदी हो,
कि अपने ही हाथों
अपना सर्वस्व लुटाता
एक वृक्ष हो
और समूचे आकाश को
अपने गीतों से
भर देने वाली
कोई चिड़िया हो,
जरूर बनाना
जीवन का ऐसा चित्र,
जिसमें जीवन और जगत के बीच
सीधा सम्बन्ध हो।

खेल

देखा,
एक वृक्ष के नीचे
टूटे गिरे
छिन्न सूखे
पत्तों पर
उछल-कूद करती
चिड़ियों का
अपने ही पैरों की
ध्वनियाँ सुनना
और मुग्ध हो
कुछ कहकर
फिर चुप रहकर
विस्मय से
सब ओर देखना।
लगा, जगत का खेल
यही है इतना,
अपनी ही
प्रतिध्वनियों में
विस्मय विमुग्ध हो
खोये रहना।

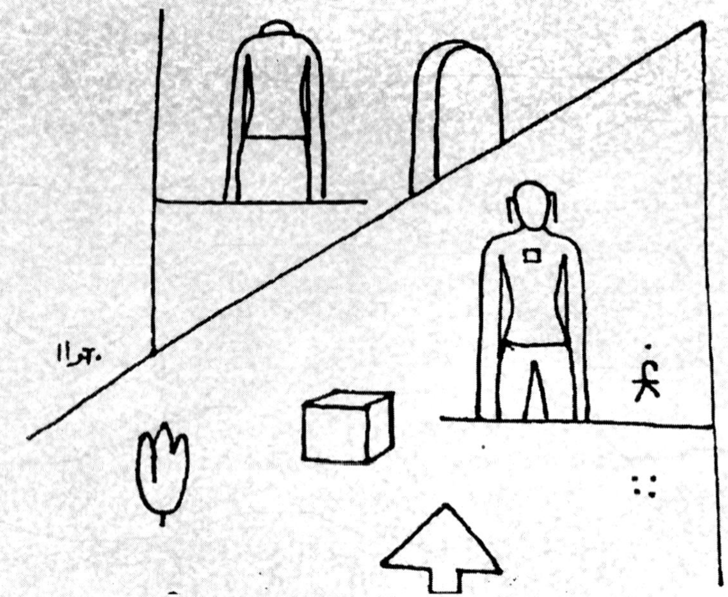

और और अपना

जिसे पाकर लगे
कि अपने को पा लिया,
समझना वह अपना है।
और जिसे पाकर
लगे कि अपने को
खो दिया,
समझना वह और भी
अपना है।

रास्ते

चिड़िया!
पूरा आकाश
तुम्हारा है
हर बार
तुम अपने लिए
अपना रास्ता बनाती हो
सुदूर क्षितिज तक
आती - जाती
और चहचहाती हो
दुनिया ने
जितने रास्ते बनाये
उनमें लोग
कभी उजड़े
कभी भटके
कभी भरमाये
पर तुम्हारा
रास्ता साफ़ है
जिससे गुजरने पर
सारा आकाश
जैसा है
वैसा ही
रहा आता है।

आदत

चिड़ियों का
आकाश में
ऊँचे उड़ना
प्रकृति का
सहज-सरल
और उन्मुक्त होना,
अब हमें प्रेरणा नहीं देता।
वृक्षों का
हवाओं में लहलहाना
और फल-फूलों से भरकर
कृतज्ञता से झुक जाना
अब हमें आन्दोलित नहीं
करता।
किसी का
सच्चा होना
भला और अच्छा होना
अब हमें चुनौती नहीं देता।
असल में
हमारी आदत नहीं रही
आदतें बदलने की।

शीशा देने वाला

जब भी मैं
रोया करता
माँ कहती -
यह लो शीशा,
देखो इसमें
कैसी तो लगती है
रोनी सूरत अपनी
अनदेखे ही शीशा
मैं सोच-सोचकर
अपनी रोनी सूरत
हँसने लगता।
एक बार रोई थी माँ भी
नानी के मरने पर
फिर मरते दम तक
माँ को मैंने खुलकर हँसते
कभी नहीं देखा।
माँ के जीवन में शायद
शीशा देने वाला
अब कोई नहीं था।
सबके जीवन में ऐसे ही
खो जाता होगा
कोई शीशा देने वाला।

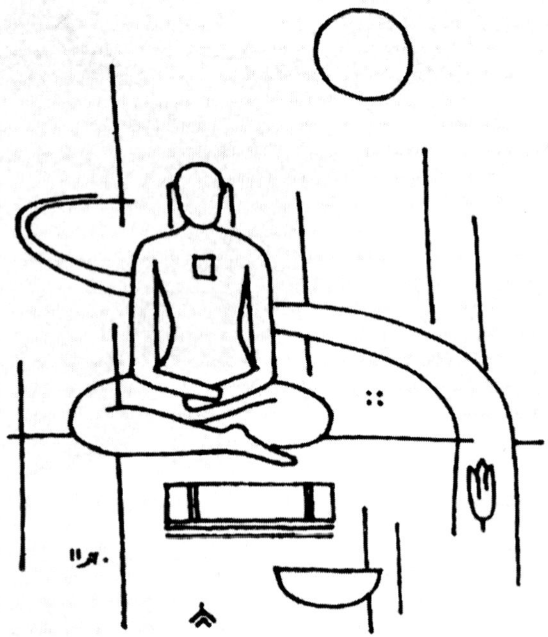

साधना

अभी मुझे
और धीमे
कदम रखना है,
अभी तो
चलने की
आवाज आती है।

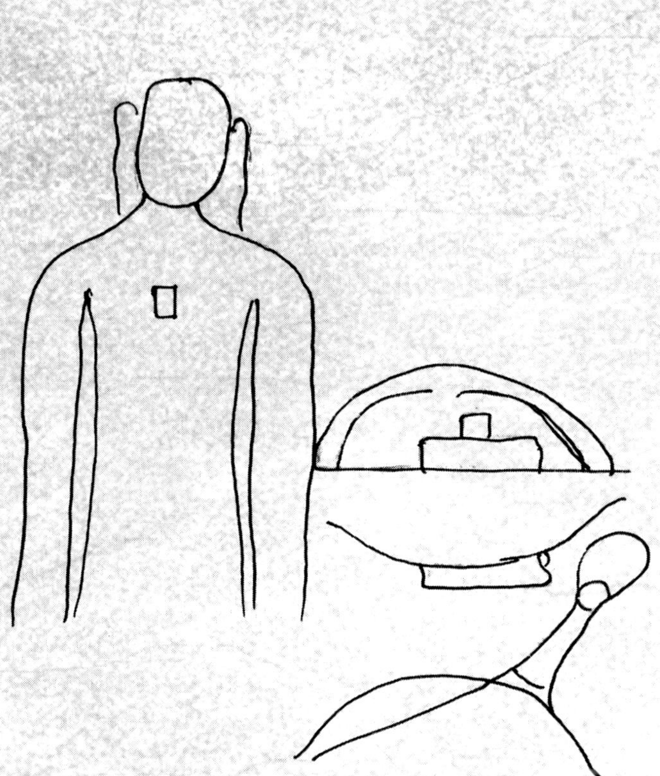

पहला कदम

सारे द्वार
खोलकर
बाहर निकल
आया हूँ,
क्या कोई
विश्वास करेगा
कि यह
मेरे भीतर
प्रवेश का
पहला कदम है।

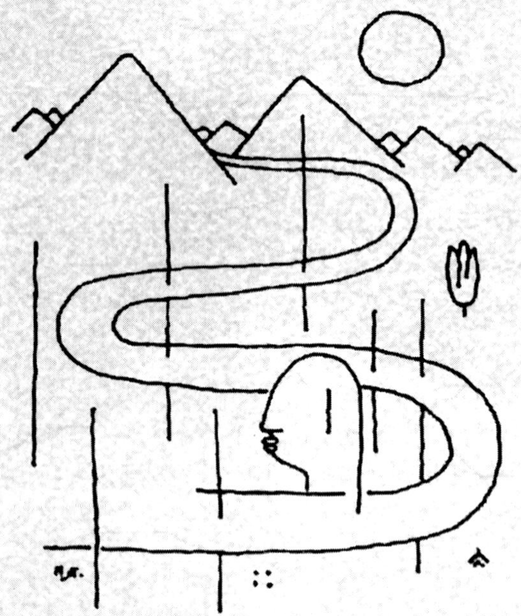

एक अनुभूति

जितनी दूर
देखता हूँ,
उतनी ही
रिक्तता पाता हूँ
जितना निकट
आता हूँ
उतना ही
भर जाता हूँ।

चुप रह जाता हूँ

जब कभी
लगता है
कि तुमसे पूछूँ-
बच्चों की तरह,
कि सूरज को
रोशनी कौन देता है?
कि आकाश में
इतना नीलापन
कहाँ से आता है?
कि सागर में
इतना पानी
कौन भर जाता है?
तब यह सोचकर
कि कहीं तुम हँसकर
टाल न दो
कि मैं बड़ा हो गया हूँ
मैं चुप रह जाता हूँ।

प्रतियोगिता

मैं उसी दिन
समझ गया था
जब मैंने
ईश्वर होना चाहा था,
कि अब
कोई जरुर
ईश्वर से
बड़ा होना चाहेगा।
और अब सब
ईश्वर से बड़े हो गए हैं,
कोई
ईश्वर नहीं है।

आत्मदीक्षा

उड़ती चिड़िया से
मैंने पूछा-
तुमने नील गगन में
उड़ना किससे सीखा?
जब बादल बरसे
मैंने पूछा-
तुमने धरती पर आना
किससे सीखा?
बहती नदियों से
मैंने पूछा-
तुमने किससे
बहना सीखा?
सागर के तट पर आकर
मैंने सागर से पूछा-
तुमने गहरे में गहराना
और सतह पर लहराना
मुझे बताओ
किससे सीखा?

सब मुस्काए ऐसे
जैसे कहते हों
हमने सीखा-
अपने से
अपने से
अपने से।

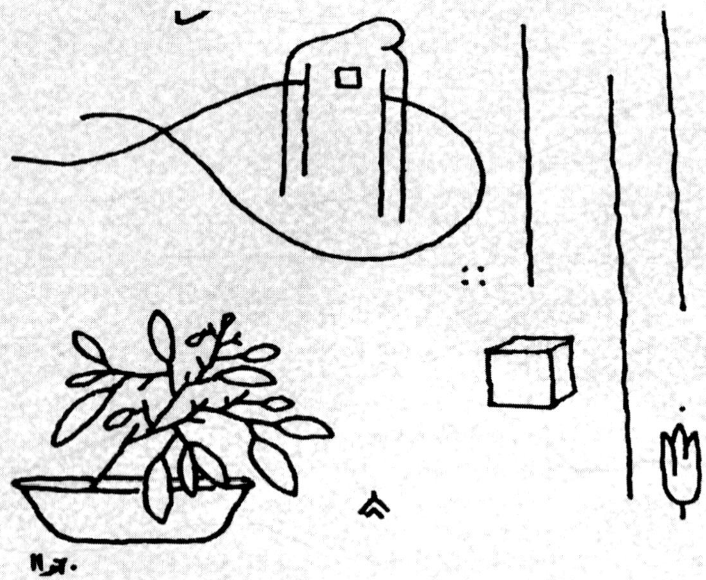

स्वीकारोक्ति

हम
सबकी सब बातें
चुपचाप स्वीकार कर लेते हैं।
लोग कहते हैं
कि सब स्वीकार करते जाना
कमजोरी है।
सो हम इस बात को भी
स्वीकार कर लेते हैं।
क्या करें
हम कमजोर हैं
हमसे व्यर्थ
लड़ा नहीं जाता।

कभी ऐसा हो

कभी ऐसा हो
कि देने का मन हो,
और लेने वाला
कोई करीब न हो

कभी हम
कुछ कहना चाहें,
और सुनने वाला
कोई करीब न हो

तब अहसास होता है
कि देने और
सुनने वाले से
लेने और सुनने वाला
ज्यादा कीमती है।

कल

यहाँ के लोग
वक़्त के
बड़े पाबंद हैं
कल का काम
आज नहीं करते
और कल,
कल तो कभी नहीं आता
इसलिए
कभी नहीं करते।

सहयात्राएँ

चलते चलते
देखता हूँ
अनायास ही
कोई न कोई
साथ हो जाता है
कुछ दूर
वह साथ चलता है
फिर या तो
ठहर जाता है
या रास्ता ही बदल लेता है
मैं यह सोचकर
आगे बढ़ जाता हूँ
कि साथ चलने का सुख
इतना ही होता है।

मुक्ति

जो ज्योति-सा
मेरे हृदय में
रोशनी भरता रहा
वह देवता।

जो साँस बन
इस देह में
आता रहा
वह देवता।

जिसका मिलन
इस आत्मा में
विराग का
कोई अनोखा गीत
बनकर, गूँजता
प्रतिक्षण रहा
वह देवता।
मैं बँधा जिससे
मुझे जो मुक्ति का
सन्देश नव
देता रहा
वह देवता।

जो समय की
तूलिका से
मेरे समय पर
निज समय
लिखता रहा
वह देवता।

जो मूर्ति में
कोई रूप धरता
पर अरुपी ही रहा
वह देवता।

जो दूर रहकर भी
सदा से
साथ मेरे है
यही अहसास
देता रहा
वह देवता।

मैं जागता हूँ
या नहीं
यह देखने
द्वार पर मेरे
दस्तक सदा
देता रहा
वह देवता।

जो गति
मेरे नियति था
ठीक मुझ-सा ही
मुझे करता रहा,
वह देवता।

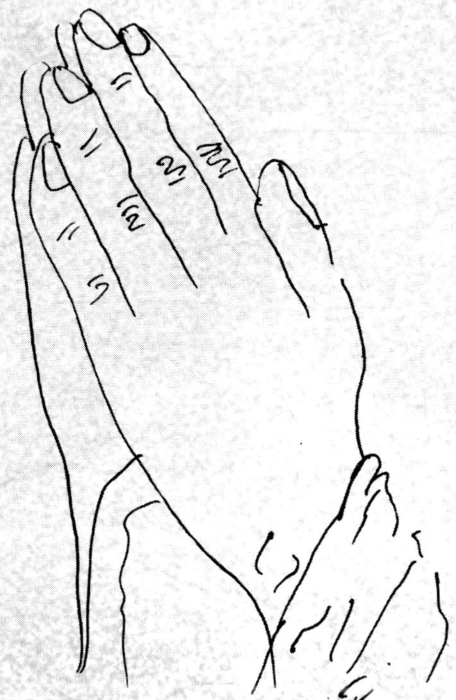

तुम्हारा होना

ईश्वर मेरे,
मेरी श्रद्धा
मुझे
तुम्हारे होने का
अहसास कराती है.
सचमुच
अब तुम्हारा होना
मेरी श्रद्धा के लिए
कितना जरुरी है।

लोग

कभी कहीं
कोई घटना होती है
तो लोगों को
बहुत कुछ
कहने सुनने की
गुँजाइश मिलती है
हम लोग तो
चाहते ही यही हैं
कि जरा परदा हटे
और हम सब देख लें
कि जरा कोई छिद्र हो
और हम झाँक लें
घटना क्या हुई
इससे हमें
कोई सरोकार नहीं
हम जो चाहेंगे
वही देखेंगे
(जो हुआ
वह नहीं देखेंगे)
भीड़ में
कोई हमें
सजग-संवेदनशील कहे
हम इतना ही चाहेंगे।

आगे-पीछे

यदि तुम पीछे हो
तो सोचो
तुम्हारे
पीछे रहने से ही कोई
आगे है,
उसका आगे होना
तुम्हारे
पीछे होने पर निर्भर हुआ ना।
तब दुःख कैसा?
यदि तुम आगे हो
तो सोचो
कि कोई पीछे रहकर
तुम्हारे आगे होने को
सार्थक कर रहा है।
तुम्हारा आगे होना
किसी के
पीछे होने पर निर्भर हुआ ना।
तब अहंकार कैसा?

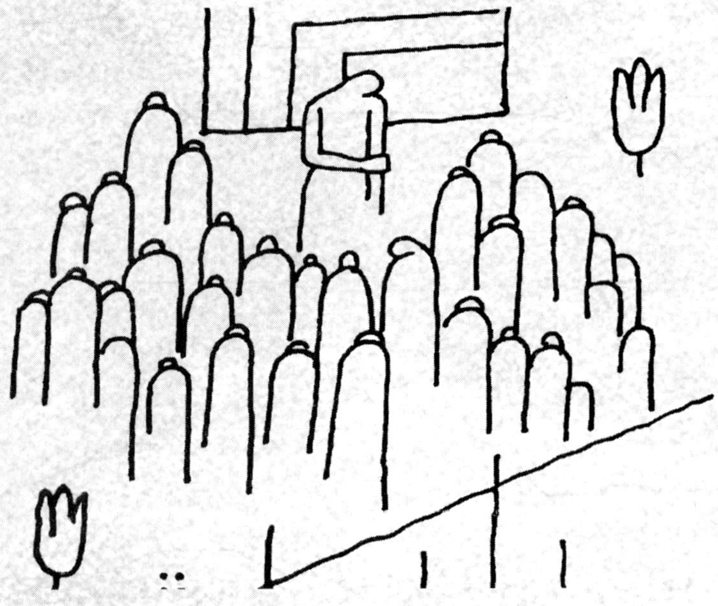

अकेले

यात्रा में
तुम थे
मैं था
और भी सब थे
एक साथ
चलते रुकते
और रहते थे।
पर जाने क्यों
लगता है
हम सब अकेले थे!

सम्बन्ध

लोग चाहते हैं
एक सम्बन्ध
जो सिर्फ दिखता रहे
भले ही न रहे,
मैं आज भी
चाहता हूँ
सबके बीच
एक सम्बन्ध
जो न दिखे
पर रहे।

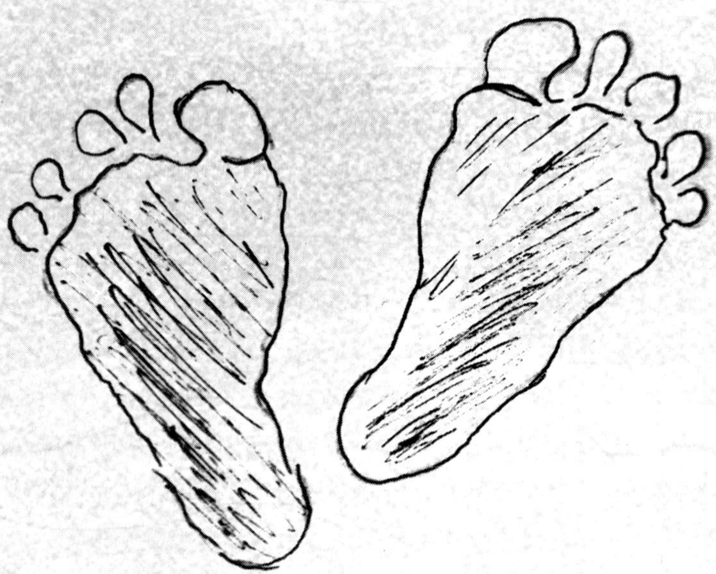

गए

हमें लगता है
कि हम बहुत बीत गए
अब रहे कम
गए ज्यादा हैं
जितने रहे
उतने भी
गए की ओर ही हैं
और एक रोज़
ऐसा भी आएगा
जब हम
गए ही हो जाएँगे
सुनाई पड़ेगा सब ओर
कि नहीं रहे
गए।

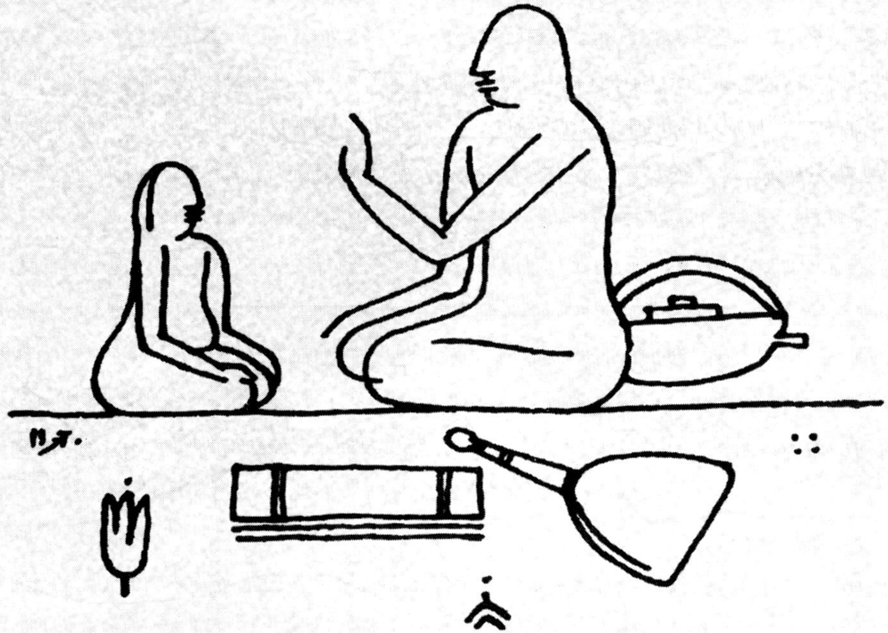

मित्रता

अभी तक मुझे
अपनों से
अपना सुख-दुख
कहना पड़ता है
अभी मित्रता इतनी सघन
नहीं हो पाई
कि अनकहे ही
सब महसूस हो जाए।

संजीवनी

दिन ढलने से पहले ही
पंछी अपने वृक्ष पर
लौट आने की तुम्हारी व्याकुलता,
और आते ही
दिन भर की थकान भूलकर
अपनी मधुर गूँज से
वृक्ष को भर देने की तत्परता
फिर सुबह की
पहली किरण के साथ ही
उड़ने की तैयारी
और जाते-जाते
वृक्ष को जी भर
स्नेह के आँसुओं से
सींचने की आतुरता
यही तो वृक्ष को
जीवन देती है।

लेनी-देनी

सागर से बादलों का रिश्ता
शायद यही
कि सागर ने दिया।
सागर से नदी का रिश्ता
शायद यही
कि नदी ने खोया।
नदी और बादलों का रिश्ता
यही कि बादलों ने लौटाया।
लगा, मानो
किसी अपने ने दिया
अपने को खोया
और अपने में ही लौट आया।

लिखते वक्त

लिखने के बाद
लिखा हुआ
भले ही झूठा हो जाए
लिखते वक्त
हम
झूठे नहीं होते।

सुरक्षा

तुम देवता मेरे,
मुझे इतनी
सुरक्षा क्यों देते हो
मुझे असुरक्षित छोड़ दो,
ताकि मैं अपने को
असुरक्षित पाकर
हमेशा जागृत रहूँ
और दुनिया को
ठीक-ठीक देखता रहूँ।

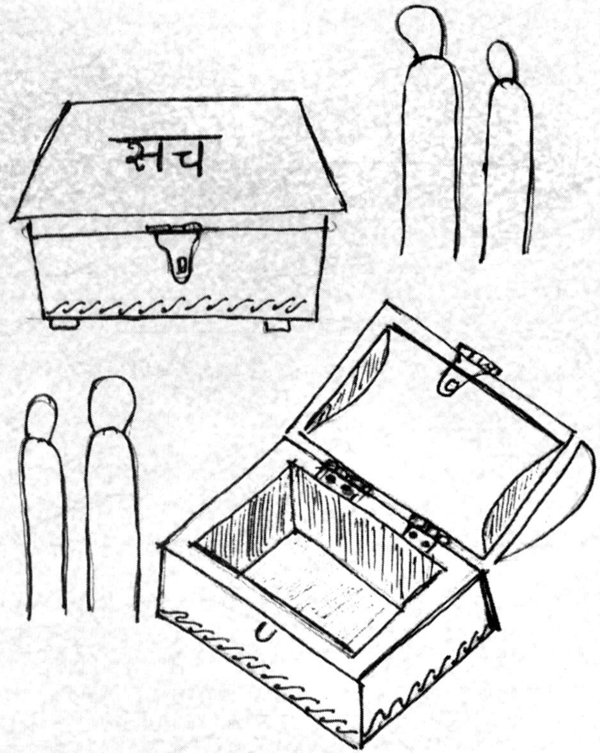

सच

सच क्या है!
यह तो शायद
कोई नहीं जानता
पर यह कितना सच है
कि सच है?

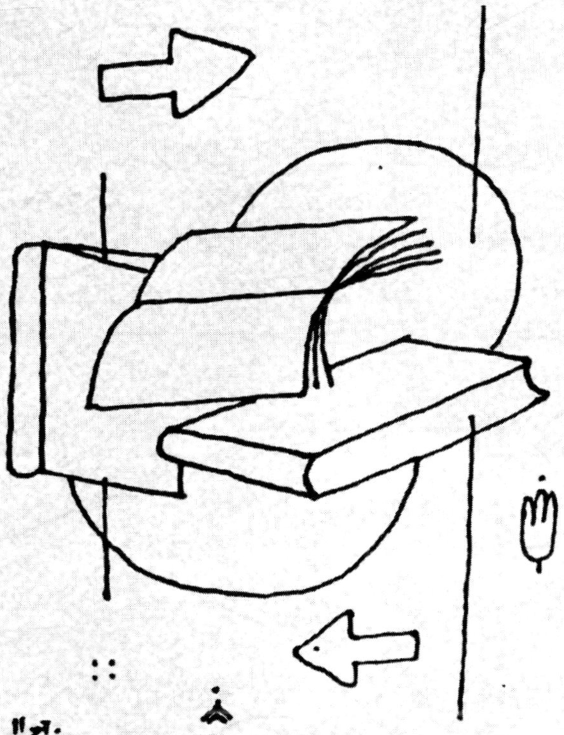

किताब - 1

सोचा तो यही था
कि किताब सबकी हो
जो जब चाहे
उसे ले, खोले, पढ़े
उसमें अपने मन का लिखे
और संभालकर रख दे।
पर देखता हूँ
कि वह सबके हाथों में जाकर भी
अकेली ही है।
उसे कोई
अपनी समझकर नही पढ़ता
नहीं सँभालता
सब,
सबकी समझकर
उसे यूँ ही छोड़कर
चल देते हैं।

किताब - 2

आज
अस्त-व्यस्त पड़ी किताब को
तुमने सँभालने की कोशिश की है
और चाहा है
कि वह सबके सामने न खुले
पर इसमें किताब का क्या वश है?
फिर भी
अब वह अल्प हवाओं के आने पर
अपना पहला पृष्ठ खोलेगी
तेज हवाओं में पूरी पलटकर
अन्तिम पृष्ठ में ही खुलेगी
और मर्मी हवाएँ
उसे जब चाहें
कहीं से भी खोलकर
पढ़ सकेंगी।

पक्षी और वृक्ष

सैकड़ों वृक्षों में से
किसी एक वृक्ष को चुन कर
उस पर
अपना घर बनाने के लिए
पक्षी स्वतंत्र है।
पर सैकड़ों पक्षियों में से
किसी एक को
अपना और नितान्त मानकर
जीने का हक
वृक्ष को नहीं।
पक्षी वृक्ष का है
पर वृक्ष सबका है।
शायद यही वृक्ष का सौभाग्य
और मजबूरी है।

नई शिक्षा

जंगल में
नई शिक्षा का प्रचार-प्रसार
जोर-शोर से हुआ।
चिड़िया ने पानी में तैरने की
कोशिश की,
मछ्ली ने पेड़ों पर
चढ़ने की।
मयूर के रंग-बिरंगे पँख देखकर
कोयल ने वैसा बनने की कोशिश की।
सबकी परीक्षा हुई
चिड़िया डूबते-डूबते बची,
मछ्ली तड़प-तड़पकर
मरणासन्न हो गई।
कोयल भदरंग दिखने लगी।
सब अपनी-अपनी निधि
खो बैठे।
अपनी प्रकृति खोकर
कोई कहीं का नहीं रहता।

लोग हँसते हैं

मैंने
सूरज को बुलाया है
वृक्ष भी आएँगे
चिड़िया भी आएगी,
नदी और सागर
दोनों ने
आने को कहा है,
धरती और आकाश
दोनों के नाम
मैंने चिट्ठी लिख दी है,
कि हमारी
माटी की गुड़िया के
ब्याह में
सभी को आना है।
लोग हँसते हैं,
कहते हैं
यह मेरा बचपना है।
सचमुच, प्रकृतिस्थ होना
बचपन में
लौटना है।

मैंने जो लिखा

आज लगता है
मैंने जो लिखा
उसमें वह छूट गया
जो मैंने लिखना चाहा था
मैंने जो भी कहा
उसमें भी
वह रह गया
जो मैंने कहना चाहा था।
तुम उस अनलिखे को
पढ़ लेना
तुम उस अनकहे को
सुन लेना।